ALBUM

DE LA

FAMILLE BONAPARTE

REPRODUCTION

DES PORTRAITS ORIGINAUX

Légués à la Ville d'Ajaccio

PAR

MADAME MÈRE

PAR

LÉONARD DE S^T GERMAIN

PHOTOGRAPHE A NICE

1866

Je certifie la présente épreuve conforme au tirage
Nice 25 juillet 1866
Léonard de St Germain

ARMOIRIES DE LA CORSE.

Je certifie la présente Epreuve
Conforme au Tirage
Nice 27 juillet 1866
Léonard De St-Germain

MADAME MÈRE

Dessiné à Rome 1833 par Charlotte Bonaparte

Tiré de la Collection de Mr BRACCINI Maire d'Ajaccio

Je certifie la présente
conforme au tirage
Nice 29 juillet 18[illegible]
[illegible]

MADAME MÈRE.

Buste de Canova (Musée d'Ajaccio)

CHARLES BONAPARTE

D'après Gérard (Musée d'Ajaccio)

Je certifie la Présente
conforme au Tirage
Nice 25 juillet 1896
Léonard et Germain

MAISON NATALE DE NAPOLÉON Ier

MADAME LETIZIA BONAPARTE

(Mater Regum)

D'après Gérard (Musée d'Ajaccio)

Je certifie la présente épreuve conforme au tirage
Nice 7 juillet 1896
Léonard de St Germain

TRADUCTION

L'an mil sept cent soixante onze, le vingt un Juillet on a fait les cérémonies et les prières solennelles sur napoléon, fils issu du mariage légitime de Monsieur Charles, de feu Joseph Bonaparte et de Madame Marie Letitia sa femme, déja dûment ondoyé à la maison par le très Révérend Lucien Bonaparte, il était né le quinze août mil sept cent soixante neuf.

Ont assisté aux cérémonies sacrées le très illustre Laurent Giubega de Calvi, Procureur du Roi, comme parrain et comme marraine Madame Geltrude épouse de Monsieur Nicolas Paravisini, le père présent, lesquels ont signé avec moi:

Signé au registre: Carlo Buonaparte. Lorenzo Giubega, Geltrude de Paravisini et Gio: Batta Diamante Economo.

ACTE, DE BAPTÊME DE NAPOLÉON 1er

Tiré des Archives de la Mairie d'Ajaccio

Je certifie la présente conforme au Registre
Nice [illegible] juillet 1866
[illegible]

NAPOLEON BONAPARTE

D'après David (Musée d'Ajaccio)

Je certifie la présente
conforme au tirage
Nice 25 juillet 1866
Léonard de Garnier

NAPOLÉON Ier

Statue du Comte D'Orsay.

(Musée d'Ajaccio)

Je certifie la Présente
conforme au tirage
Aix 25 juillet 1866
Léonard de St Germain

NAPOLÉON Ier

Statue du Comte D'Orsay.

(Musée d'Ajaccio)

Je certifie la présente
conforme au tirage
Nice 28 juillet 1886
Léonard de St Germain

NAPOLÉON 1ER

D'après le Buste en Marbre de Canova

(Musée d'Ajaccio)

Je certifie la présente
conforme au dépôt
Nice 16 septembre 186[illegible]
Léonard de St Germain

MASQUE DE NAPOLÉON Ier

Moulé à Ste Hélène, le 5 Mai 1821,

Par le Docteur Antommarchi

Offert à la Ville d'Ajaccio par la Mère, les Frères et les Sœurs de l'Empereur, le 5 Mai 1852

(Bibliothèque d'Ajaccio)

Certifié conforme au tirage

NAPOLÉON II

(D'après Chaudet (Musée de Garcis)

NAPOLÉON II

Miniature d'Isabey

Provenant de la collection de Mr BRACCINI Maire d'Ajaccio

Certifié conforme au récép[illegible]
Nice le 16 septembre 1865
[illegible]

NAPOLÉON II

D'après le Buste de Bartolini

que Napoléon 1er avait à Ste Hélène Musée d'Ajaccio

JOSEPH BONAPARTE

D'après Gérard (Musée d'Ajaccio)

LUCIEN BONAPARTE

d'après David (Musée d'Ajaccio)

LOUIS BONAPARTE

D'après C. H. Hodges (Musée d'Ajaccio)

HORTENSE DE BEAUHARNAIS

D'après Cottereau

Collection du Prince Bacciochi (Ajaccio)

PAULINE BONAPARTE

Auteur inconnu (Musée d'Ajaccio)

CAROLINE BONAPARTE

D'après Gérard (Musée d'Ajaccio

ELISA BACCIOCHI & SA FILLE

D'après Gérard (Musée d'Ajaccio)

JÉROME BONAPARTE

D'après David (Musée d'Ajaccio)

JÉROME BONAPARTE

Buste en Marbre de Bartolini (Musée d'Ajaccio)

CHARLOTTE FRÉDÉRICQUE DE WURTEMBERG

Femme de Jérôme Bonaparte

Buste de CANOVA (Musée d'Ajaccio)

FAMILLE DU ROI JÉROME

Auteur inconnu (Musée d'Ajaccio)

LE CARDINAL FESCH

(D'après Magliuli (Musée d'Ajaccio)

LE CARDINAL FESCH

Buste de Canova (Musée d'Ajaccio)

FÉLIX BACCIOCHI

Auteur inconnu (Musée d'Ajaccio)

S.M. NAPOLÉON III

D'après Winterhalter (Préfecture d'Ajaccio)

S.M. EUGÉNIE

Impératrice des Français

D'après Winterhalter (Préfecture d'Ajaccio)

S.A.I. LE PRINCE IMPÉRIAL

D'après le portrait placé par ordre de S. M. l'Impératrice
dans la chambre de Madame Mère
le 14 Septembre 1860

CHARLES NAPOLÉON BONAPARTE

Auteur inconnu.

Provenant de la collection de M. BRACCINI Maire d'Ajaccio

S. A. I. LE PRINCE NAPOLÉON

D'après Nature le 17 Mai 1865

S. A. I. LA PRINCESSE CLOTILDE

D'après le Buste en Bronze de Barre

(Musée d'Ajaccio)

VUE DE LA FONTAINE DES LIONS

(Ajaccio)

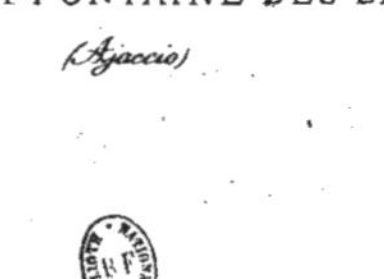

VUE DE LA GROTTE NAPOLÉON

près d'Ajaccio

VUE DU MONUMENT DE LA FAMILLE BONAPARTE

sur la Place Diamant à Ajaccio

FAÇADE DE LA CHAPELLE BONAPARTE

(Ajaccio)

VUE LATÉRALE DE LA CHAPELLE BONAPARTE

(Ajaccio)

www.ingramcontent.com/pod-product-compliance
Ingram Content Group UK Ltd.
Pitfield, Milton Keynes, MK11 3LW, UK
UKHW020332250726
13967UKWH00005B/1983

9 782012 935419